Servidores Comunitarios

Enfermeras y enfermeros

Texto: Dee Ready
Traducción: Dr. Martín Luis Guzmán Ferrer
Revisión de la traducción: María Rebeca Cartes

Consultora de la traducción:
Dra. Isabel Schon, Directora
Centro para el Estudio de Libros
Infantiles y Juveniles en Español
California State University-San Marcos

Bridgestone Books
an imprint of Capstone Press

Bridgestone Books are published by Capstone Press
818 North Willow Street, Mankato, Minnesota 56001 • http://www.capstone-press.com

Library of Congress Cataloging-in-Publication Data
Ready, Dee.
   [Nurses. Spanish]
   Enfermeras y enfermeros / de Dee Ready; traducción de Martín Luis Guzmán Ferrer; revisión de
la traducción de María Rebeca Cartes.
     p. cm.—(Servidores comunitarios)
     Includes bibliographical references and index.
     Summary: Explains the clothing, tools, schooling, and work of nurses.
   ISBN 1-56065-801-0
     1. Nurses—Juvenile literature. [1. Nurses. 2. Occupations. 3. Spanish language materials.]
I. Title. II. Series.
RT61.5.R4318   1999
610.78'06'9—dc21

                                            98-22758
                                               CIP
                                             AC

Editorial Credits
Martha E. Hillman, translation project manager; Timothy Halldin, cover designer
Consultant
Marie Griffin, RN, Member of the American Nurses Association
Photo Credits
FPG/Jeff Kaufman, 4, 6, 12; Art Montes De Oca, 16
International Stock/James Davis, cover; Ronn Maratea, 8, 10; Michael
  Philip Manheim, 18
Unicorn Stock Photos/Tom McCarthy, 14
Visuals Unlimited/Jeff Greenberg, 20

Contenido

Para evitar una repetición constante, alternamos el uso del feminino y el masculino.

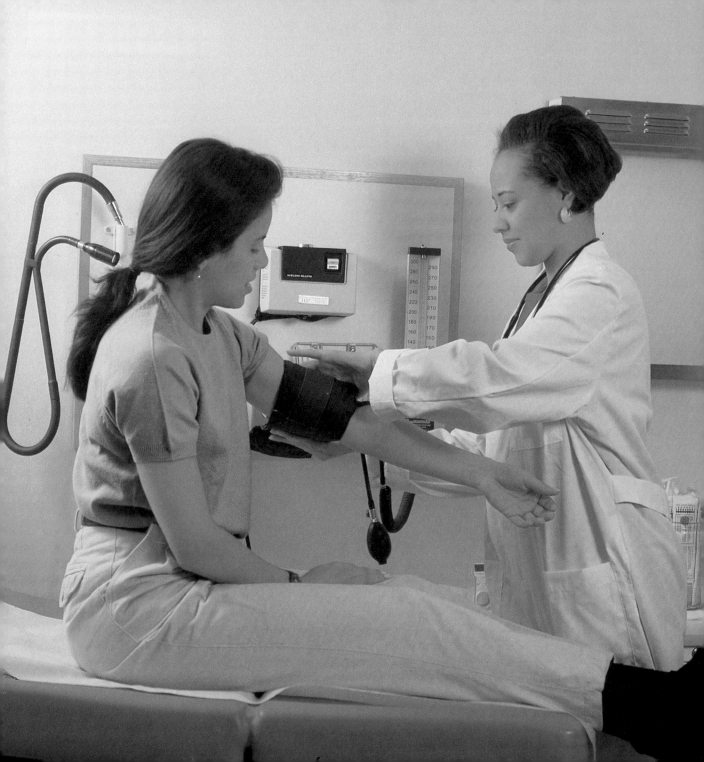

Enfermeras y enfermeros

Las enfermeras y los enfermeros ayudan a la gente enferma. Ellos revisan los signos vitales del paciente. Los signos vitales son el pulso, la respiración, la temperatura y la presión sanguínea. Las enfermeras ayudan a los doctores en los hospitales y clínicas.

El trabajo de los enfermeros

Los enfermeros le preguntan al paciente
cuáles son sus síntomas. Un síntoma es
una señal de enfermedad. Los enfermeros
también cuidan a la gente enferma.
Además, dan de comer y atienden a los
recién nacidos.

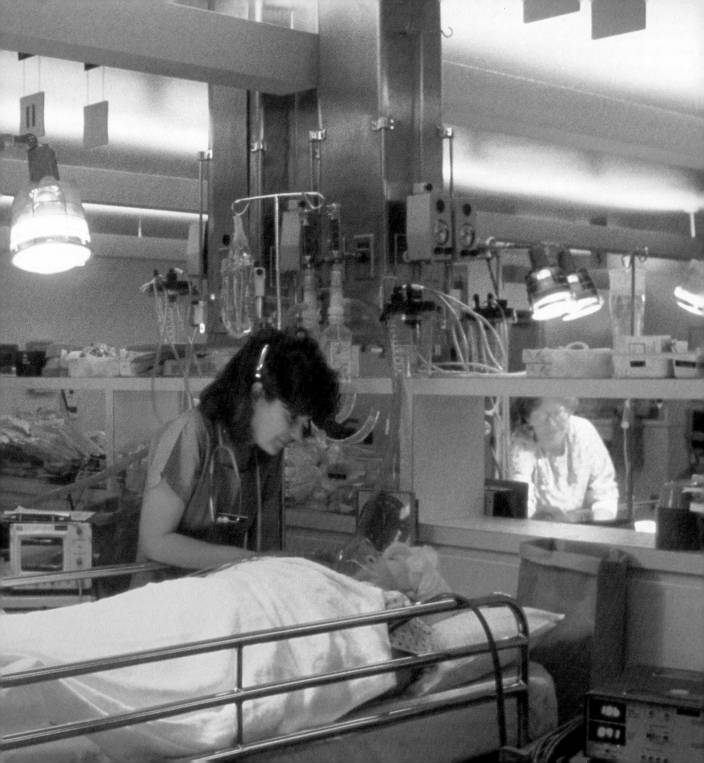

Diferentes tipos de enfermeras

Algunas enfermeras ayudan a la gente en las salas de emergencia. Otras ayudan a la gente durante las operaciones. Una operación es abrir una parte del cuerpo humano para corregir un problema. Las enfermeras de los colegios ayudan a los niños que se lastiman en la escuela.

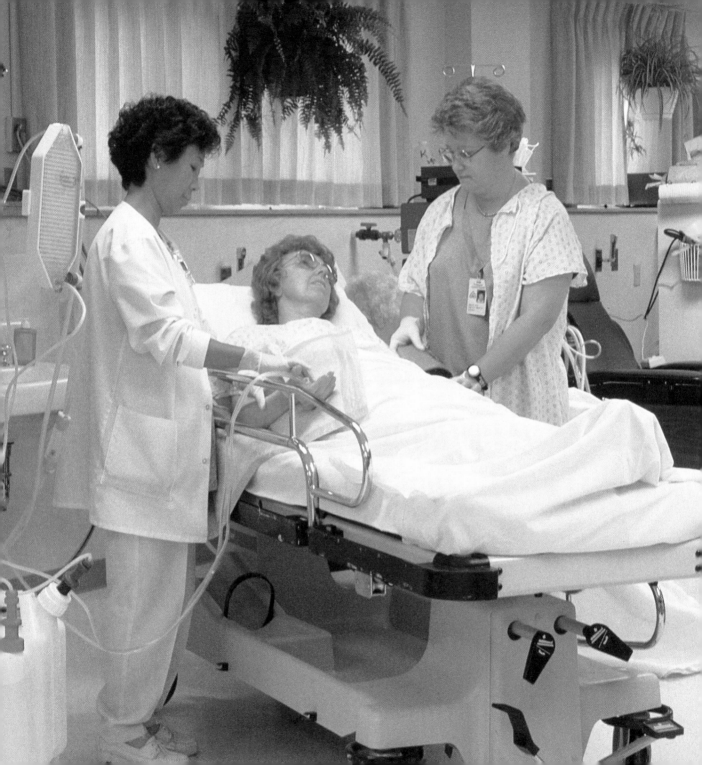

Qué se ponen las enfermeras y los enfermeros

La mayoría de las enfermeras y los enfermeros se pone uniformes y zapatos blancos. Algunos enfermeras y enfermeros que trabajan en hospitales usan una especie de pijama. Los pijamas son camisas y pantalones sueltos.

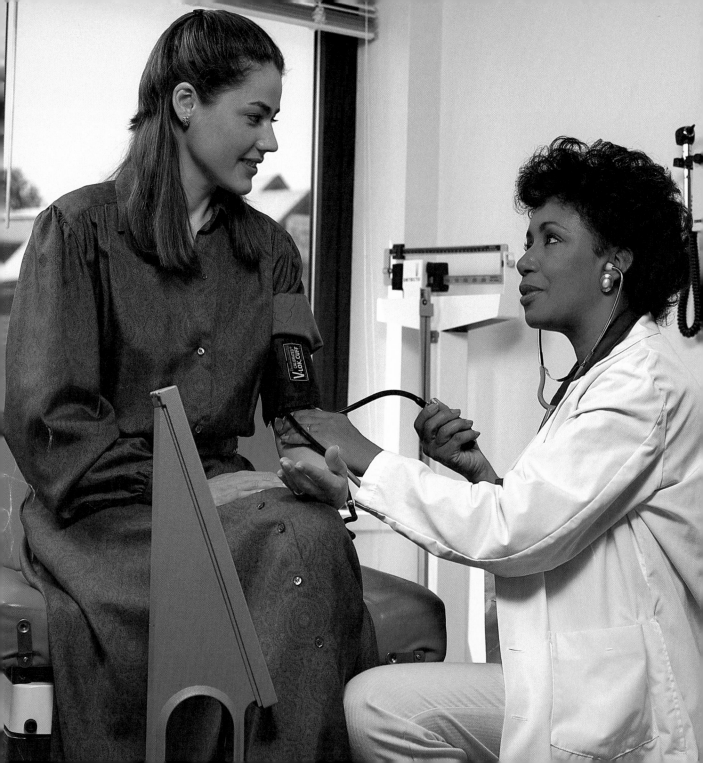

Instrumentos que usan las enfermeras
Las enfermeras miden la presión
sanguínea del paciente con un aparato
especial. Ellas revisan la temperatura del
paciente con un termómetro. Escuchan el
latido del corazón y la respiración del
paciente con un estetoscopio.

Los enfermeros y la escuela

Los alumnos estudian enfermería en las escuelas de enfermería durante tres o cinco años. Aprenden en salones de clase y hospitales. Los alumnos de enfermería son entrenados con pacientes de verdad. Ellos deben aprobar un examen especial para ser enfermeros.

Dónde trabajan las enfermeras

Las enfermeras de las salas de emergencia y operación trabajan en hospitales. Las enfermeras a domicilio van a las casas de los pacientes. Algunas enfermeras trabajan en clínicas. Otras trabajan en escuelas o fábricas.

Quiénes ayudan a los enfermeros

Los enfermeros necesitan que otras personas los ayuden en su trabajo. Los doctores operan a los pacientes. Ellos les dicen a los enfermeros las medicinas que los pacientes deben tomar. Los asistentes de enfermería ayudan a bañar y alimentar a los pacientes.

Las enfermeras y los enfermeros ayudan a la gente

Los pacientes son la primera responsabilidad de las enfermeras y los enfermeros. A las enfermeras y los enfermeros se les enseña a reconocer las enfermedades del paciente. También se les enseña a reconocer los sentimientos de la gente enferma. Ellos quieren que sus pacientes sean felices y sanos.

Manos a la obra: Examina el latido de tu corazón

Tu corazón siempre está bombeando sangre. Algunos corazones bombean más rápido que otros. El corazón bombea más rápido cuando estás más activo. Bombea más despacio cuando estás sentado y tranquilo. Tú puedes revisar el latido de tu corazón para saber qué tan rápido o despacio late.

1. Quédate quieto durante cinco minutos. Relájate como si fueras a dormirte.
2. Encuentra tu pulso. Este es el latido constante de tu corazón que lleva la sangre a todo tu cuerpo. También puedes encontrar el pulso en tu garganta.
3. Ve el minutero de un reloj de pulsera o de pared. Cuenta cuántas veces late tu corazón en seis segundos.
4. Añade un cero al final de este número. Este es el número de veces que late tu corazón en un minuto.
5. Ahora corre lo más rápido que puedas. Detente y cuenta los latidos de corazón de la misma manera.
6. Compara los dos números. Tu corazón trabaja más duro cuando haces ejercicio. Y marcha más lento cuando estás quieto. Prueba hacer otras actividades para ver si cambia el latido de tu corazón.

Conoce las palabras

clínica—edificio a donde la gente va a un examen médico

estetoscopio—instrumento médico utilizado para oír los latidos del pecho de un paciente

paciente—persona enferma o persona que va al doctor o al hospital

pulso—el latido constante del corazón que lleva la sangre a todo el cuerpo

signos vitales—las señales que indican que hay vida

síntoma—señal de enfermedad

termómetro—instrumento utilizado para medir la temperatura

Más lecturas

Bauer, Judith. *What's It Like to Be a Nurse?* Mahwah, N.J.: Troll, 1990.

Dooley, Virgina. *Tubes in My Ears*. My Trip to the Hospital. Greenvale, N.Y.: Mondo Publishing, 1996.

Páginas de Internet

Interactive Patient
http://medicus.marshall.edu/mainmenu.htm
SchoolNurse.com
http://www.schoolnurse.com/

Índice